les FEMMES, **LA VIOLENCE ET LE TRAITEMENT DES TRAUMATISMES**

GUIDE D'INFORMATION
À L'INTENTION DES FEMMES
ET DE LEUR FAMILLE

LORI HASKELL, D. ÉD., PSYCH. C.

camh

Centre for Addiction and Mental Health
Centre de toxicomanie et de santé mentale

UN CENTRE COLLABORATEUR
DE L'ORGANISATION PANAMÉRICAINE DE LA SANTÉ
ET DE L'ORGANISATION MONDIALE DE LA SANTÉ

Catalogage avant publication de la Bibliothèque nationale du Canada
Haskell, Lori, (date)

Les femmes, la violence et le traitement des traumatismes :
Guide d'information à l'intention des femmes et de leur famille

ISBN 0-88868-453-3

1. Femmes victimes de violence psychologique — Santé mentale. 2. Femmes
victimes de violence psychologique — Réadaptation. 3. Syndrome de stress
post-traumatique —Traitement. I. Centre de toxicomanie et de santé mentale.
II. Titre. III. Série.

RC552.T7H37 2003   616.85'822 C2003-900434-1

Code de produit : PM034

Pour tout renseignement sur d'autres ressources du Centre de toxicomanie
et de santé mentale ou pour passer une commande, veuillez vous adresser au :

Service du marketing et des ventes
Centre de toxicomanie et de santé mentale
33, rue Russell
Toronto (Ontario) M5S 2S1
Canada

Tél. : 1 800 661-1111 ou 416 595-6059 à Toronto
Courriel : marketing@camh.net

Site Web : www.camh.net

Available in English under the title
Women, Abuse and Trauma Therapy: An Information Guide
for Women and Their Families

Ce livret a été réalisé comme suit :

ÉLABORATION
Julia Greenbaum, CTSM

RÉDACTION
Susan Morton Stewart,
Colborne Communications

TRADUCTION ET RÉVISION
Traductions À la page
Norman Liu, CTSM

CONCEPTION GRAPHIQUE
Nancy Leung, CTSM

PRODUCTION
Chris Harris, CTSM

MARKETING
Rosalicia Rondon, CTSM

TABLE DES MATIÈRES

REMERCIEMENTS

AUTEURE
Lori Haskell, D. Éd., psych. c.

RESPONSABLE DE PROJET
Julia Greenbaum

RECHERCHISTE
Diana Ballon

CONSULTANTE
Melanie Randall (Centre de recherche sur la violence faite aux femmes et aux enfants, Université Western Ontario, London, Ontario)

Nous tenons à remercier les membres suivants du Centre de toxicomanie et de santé mentale pour leurs commentaires sur les versions préliminaires du guide :
Karen Belfontaine (Programme des troubles de l'humeur et de l'angoisse)
Jennifer Chambers (Conseil d'autonomie du client)
Barb Dorian (Programme des traumatismes psychologiques)
Ursula Kasperowski (Service de traitement des troubles de la personnalité)
Betty Miller (Conseil des familles)
Ellie Munn (Programmes communautaires)
Teresa Naseba Marsh (Programme de traitement de la toxicomanie pour les jeunes Afro-canadiens et des Caraïbes)
Mary Quartarone (Service d'éducation et de publication)

Nous sommes également reconnaissants aux femmes suivantes, ainsi qu'à d'autres qui souhaitent garder l'anonymat, de nous avoir fourni de précieux commentaires sur l'ébauche du guide :
Sandi Bell de EMPOWWORD Inc.
Darlene Buligan
Karyn Hand
Svetlana Iankilevitch
Cherie Lynn Knight
Debbie Moon
Joan Piscopo
Heather Riley
Lynn Wright

Remarque : Les termes de genre masculin utilisés pour désigner des personnes englobent à la fois les femmes et les hommes. L'usage exclusif du masculin ne vise qu'à alléger le texte.

INTRODUCTION

QUI DEVRAIT LIRE CE GUIDE ET POURQUOI ?

Ce guide s'adresse aux femmes qui suivent une thérapie ou qui cherchent un thérapeute pour les aider à composer avec les effets que des expériences prolongées ou répétées de violence leur ont laissé au fil des ans. Il s'adresse également aux membres de la famille ou aux amis qui veulent comprendre et soutenir une femme tout au long de sa thérapie. Il peut également être utile aux thérapeutes comme ressource à consulter ou à distribuer à leurs clientes.

Le fait de décider de suivre une thérapie pour composer avec un traumatisme ou une série d'événements traumatisants constitue un énorme pas pour bien des femmes. Il s'agit là d'un engagement qui peut demander beaucoup de temps, d'argent et d'énergie sur le plan émotif. Si les professionnels disposent d'une importante documentation sur les traumatismes, il existe peu de ressources générales destinées aux femmes pour les aider à mieux comprendre leurs réactions aux traumatismes et à tirer le meilleur parti de leur thérapie.

Le présent guide fournit de l'information sur le processus thérapeutique et les résultats auxquels les femmes peuvent s'attendre d'un traitement des traumatismes. Bien que l'accent soit mis ici sur la thérapie individuelle, la majeure partie des renseignements contenus dans le guide peut aussi s'appliquer à la thérapie de groupe.

Cette information aide les femmes à se sentir plus à l'aise dans leur quête d'aide et à prendre en main leur processus de guérison en :

• sachant à quoi s'attendre de la thérapie ;
• choisissant la thérapie et le thérapeute qui leur conviennent.

Si vous n'êtes pas certaine si la thérapie est indiquée dans votre cas, consultez la section 2, « Un modèle de traitement des traumatismes », ou encore le livret du CTSM intitulé *Femmes — Qu'est-ce que ces panneaux ont en commun ?*

Le présent guide vous aidera également à :

• comprendre les traumatismes psychologiques, le syndrome de stress post-traumatique et les réactions courantes aux traumatismes ;
• comprendre les différents types de thérapie pour les traumatismes liés à la violence ;
• comprendre le modèle de traitement des traumatismes et les résultats auxquels vous pouvez vous attendre de la thérapie ;
• comprendre la relation cliente-thérapeute et évaluer votre thérapeute ;
• savoir à quoi vous attendre aux différentes étapes de la thérapie ;
• savoir si la thérapie est efficace ;
• obtenir le soutien de votre famille et de vos amis.

1 COMPRENDRE LES TRAUMATISMES PSYCHOLOGIQUES

QU'ENTEND-ON PAR TRAUMATISME LIÉ À LA VIOLENCE ?

Un traumatisme lié à la violence peut survenir après qu'une personne a été victime de violence sexuelle, physique ou émotionnelle, ou encore de négligence, habituellement au cours de son enfance. L'agresseur est souvent un membre plus âgé de la famille ou encore un parent ou un ami proche de la famille. La plupart du temps, les femmes qui éprouvent des traumatismes à l'âge adulte se sentaient impuissantes et paralysées face à la violence pendant leur enfance.

Un traumatisme peut avoir une incidence sur le développement émotif et psychologique d'une personne. Des événements traumatisants peuvent en effet perturber ses émotions, sa mémoire, sa conscience et sa perception d'elle-même. Un traumatisme peut avoir un effet sur ses relations et son **attachement** aux autres. Il peut altérer le fonctionnement de son cerveau et de son corps.

Seule la femme qui vit l'expérience peut déterminer si celle-ci est traumatisante ou non. Un « événement traumatisant » (incident qui cause un traumatisme) peut être si pénible que la femme n'est pas capable de composer avec la situation. Cette dernière peut avoir le sentiment de « devenir folle ». Bon nombre de femmes victimes de violence ressentent de la détresse, de la peur et de l'impuissance.

Les événements traumatisants prennent des formes variées et les personnes qui en font l'objet y réagissent de différentes façons. Il existe toutefois certaines réactions courantes en fonction des facteurs suivants :

• l'âge de la personne au moment de l'incident de violence ;
• la relation qu'a la survivante de violence avec son agresseur ;
• l'aspect unique ou répétitif de la violence.

Qu'entend-on par stress post-traumatique ?

Des événements pénibles ou qui mettent la vie en danger, comme des accidents de voiture, des catastrophes naturelles, la guerre et la violence sexuelle ou physique peuvent entraîner un stress post-traumatique. Le **stress post-traumatique** peut se produire quand une personne ressent les effets d'un traumatisme longtemps après que l'événement en question s'est produit. Ces effets négatifs peuvent parfois durer des années.

Le stress post-traumatique est une réaction *normale* à une grande souffrance.

Les femmes qui éprouvent un stress post-traumatique peuvent minimiser la gravité de la violence dont elles ont fait l'objet de façon à pouvoir composer avec ses effets sur leur vie.

Différents types de stress post-traumatique—
simple ou complexe

Le **stress post-traumatique simple** se distingue du stress post-traumatique complexe en ce sens qu'il résulte d'un incident unique, comme un viol ou un grave accident de voiture.

Le **stress post-traumatique complexe** se développe habituellement si la violence :

• se produit sur une longue période ;
• se produit de façon répétée ;
• est infligée par des proches ;
• se produit pendant l'enfance, surtout s'il y a négligence émotive ou que l'attachement
  à la famille est faible.

Le stress post-traumatique complexe peut aussi survenir à l'âge adulte, lorsque la violence se produit sur une longue période (p. ex., lorsqu'une femme est battue par son partenaire pendant un certain nombre d'années).

Les personnes qui ont vécu de graves situations de violence éprouvent souvent les deux types de stress, mais pas toujours.

QUELLES SONT LES RÉACTIONS LES PLUS COURANTES À UN TRAUMATISME ?

Les femmes réagissent à un événement traumatisant de différentes façons. Elles peuvent :

- vivre des émotions intenses sans se rendre compte de ce qui les provoque ;
- se souvenir de l'événement traumatisant mais ne rien ressentir ;
- se sentir soudainement sur le qui-vive et affolées ;
- se sentir constamment sur leurs gardes et irritables sans savoir pourquoi ;
- ressentir un engourdissement et un vide émotifs.

RÉACTIONS DE STRESS POST-TRAUMATIQUE SIMPLE

Les réactions de stress post-traumatique simple se manifestent habituellement après un seul événement traumatisant. La personne peut :

- avoir des cauchemars ou des **flash-backs** à propos de l'événement en question (un flash-back est un moment soudain et pénible où l'on revit de façon très vive l'événement traumatisant) ;
- éviter les choses qui lui rappellent l'événement ;
- se sentir engourdie au plan émotif ;
- s'éloigner de sa famille et de ses amis ;
- ne plus s'intéresser aux activités de la vie quotidienne ;
- être toujours sur ses gardes ou en état d'alerte.

RÉACTIONS DE STRESS POST-TRAUMATIQUE COMPLEXE

Les réactions de stress post-traumatique complexe peuvent comprendre, entre autres :

- un sentiment de désespoir ;
- le sentiment que la vie n'a aucune valeur ou que sa propre vie ne vaut rien ;
- la **dépression** ;
- un sentiment inexpliqué de honte ou de culpabilité ;
- une difficulté à faire confiance aux autres ou à se rapprocher des autres ;
- une prédisposition à des crises émotives et à de l'impulsivité ;
- une difficulté à rester calme et à se détendre ;
- des problèmes de sommeil chroniques ;
- le sentiment de ne pas avoir droit à ses propres sentiments, opinions ou désirs ;
- le sentiment de ne pas avoir droit au succès ni au bonheur.

Pour composer avec ces sentiments, bien des femmes :

• développent un **trouble de l'alimentation** ;
• se livrent à des abus d'alcool ou d'autres drogues ;
• se mutilent en s'infligeant des coupures ou des brûlures ;
• s'éloignent des autres car elles se sentent plus en sécurité lorsqu'elles sont seules ;
• essaient de plaire aux autres pour éviter qu'ils se mettent en colère, soient déçus
  ou blessés.

Ces mécanismes d'adaptation renforcent souvent le sentiment d'isolation et de dépression chez les femmes et peuvent aggraver leur anxiété et leurs problèmes de sommeil.

Ces comportements peuvent les aider à composer avec des sentiments pénibles pendant un certain temps. Mais à la longue, ils perdent de leur efficacité. Les femmes entreprennent généralement une thérapie lorsqu'elles ne se sentent plus capables de composer avec leurs problèmes dans leurs relations ou dans leur quotidien. Elles peuvent, par exemple, avoir de la difficulté à dormir ou se sentir dépassées par leur travail ou leur rôle de parent.

TOXICOMANIE, DÉPRESSION, TROUBLES DE L'ALIMENTATION ET AUTRES PROBLÈMES

Il n'est pas rare que les personnes qui ont vécu un traumatisme aient aussi d'autres problèmes, comme une toxicomanie, une dépression ou un trouble de l'alimentation. Ces problèmes constituent souvent une réaction au traumatisme. Le traitement des traumatismes peut atténuer ces problèmes. Un groupe de soutien pourrait également vous aider.

FAIRE PREUVE D'EMPATHIE ET DE RESPECT À VOTRE PROPRE ÉGARD

Bien des femmes ayant survécu à de la violence ou à de la négligence subies pendant leur enfance ont grandi dans des foyers où elles étaient critiquées, laissées pour compte et blâmées pour les mauvais traitements qu'on leur infligeait.

Par conséquent, bon nombre d'entre elles continuent à se culpabiliser à l'âge adulte. Il se peut qu'elles ne fassent pas confiance aux autres et qu'elles pensent que les autres ne les traiteront pas avec respect ou ne comprendront pas leurs sentiments.

Le but de la thérapie est de vous aider à guérir par l'écoute, le respect, l'empathie et l'attention. Les survivantes apprennent à faire preuve d'empathie envers elles-mêmes en étant traitées avec respect et en apprenant ce que sont les réactions normales au traumatisme. Le fait de comprendre qu'un grand nombre de vos comportements sont des réactions normales à des expériences pénibles vous aidera à réduire la honte et la responsabilité que vous éprouvez par rapport à ces expériences.

2 UN MODÈLE DE TRAITEMENT DES TRAUMATISMES

Dans bien des cas, le traitement classique des traumatismes :

• n'établit pas de lien entre le traumatisme et la violence ou la négligence
subies pendant l'enfance ;
• ne tient pas compte des conditions de vie des femmes ;
• ne considèrent pas les mécanismes d'adaptation des femmes
comme des réactions normales à des événements anormaux.

Par conséquent, bon nombre de femmes vivant un stress post-traumatique ne reçoivent pas l'aide dont elles ont besoin.

Modèle de traitement des traumatismes

Les personnes ayant survécu à de mauvais traitements bénéficient davantage d'une thérapie qui vise à leur faire comprendre les effets de la violence ou de la négligence sur leurs pensées, sentiments, comportements et relations, surtout si les mauvais traitements se sont produits pendant leur enfance.

Un **modèle efficace de traitement des traumatismes** devrait également établir des liens entre le traumatisme et les injustices sociales dans la vie des femmes, telles que le sexisme, le racisme et la pauvreté.

FORGER UNE RELATION FONDÉE SUR LA COLLABORATION

Dans ce modèle, la thérapie doit se faire dans une relation de **collaboration.** Cela signifie que la cliente n'est pas considérée comme une personne ayant besoin d'être traitée pour une maladie, mais plutôt comme une partenaire assumant sa part de responsabilité dans son processus de guérison.

CONSIDÉRER LES PROBLÈMES
COMME DES MÉCANISMES D'ADAPTATION

Un modèle de traitement des traumatismes tente de déceler si les problèmes sont le résultat de mauvais traitements ou de négligence. Selon ce modèle :

• les mécanismes d'adaptation des femmes sont des réactions normales
  à des expériences pénibles ;
• leurs problèmes émotifs sont considérés comme étant souvent le résultat d'un contexte
  de violence et de stress constant plutôt que comme des symptômes d'une maladie.

RECONNAÎTRE LES INÉGALITÉS SOCIALES

Un modèle efficace de traitement des traumatismes devrait également reconnaître que les problèmes d'une femme peuvent être exacerbés par les conditions sociales dans lesquelles elle vit. Certains intervenants en santé mentale ne saisissent pas bien les facteurs sociaux et psychologiques qui influencent les choix et les réactions des femmes. Dans bien des cas par exemple, ils ne tiennent pas compte du fait que les problèmes qu'éprouve une femme peuvent être causés ou aggravés en partie par le racisme, le sexisme, l'homophobie et la pauvreté. Ces conditions font partie du quotidien de nombreuses femmes et peuvent intensifier leurs sentiments d'impuissance et de vulnérabilité.

RECONNAÎTRE LA GRAVITÉ DU TRAUMATISME

Les thérapeutes doivent également reconnaître que :

• la souffrance due aux mauvais traitements est intense et dure souvent
  pendant des années après que les mauvais traitements ont cessé ;
• les survivantes se sentent souvent honteuses et minimisent la souffrance
  que leur ont causée ces expériences pénibles.

À QUOI S'ATTENDRE DE LA THÉRAPIE

Vous vous sentirez peut-être plus à l'aise et plus en confiance si vous savez à quoi vous attendre de la thérapie. En comprenant comment fonctionne la thérapie, vous serez également en mesure d'évaluer l'efficacité des soins prodigués et de changer de thérapeute si nécessaire.

Pour mieux vous aider, le thérapeute devra se renseigner le plus possible sur votre vie. Il vous posera des questions telles que :

• Depuis combien de temps ressentez-vous ces émotions ?
• Que faites-vous quand vous ressentez ces émotions ?
• Avez-vous déjà pris des médicaments ou suivi une thérapie et, si oui, lesquels ?

La thérapie vous aidera à renouer avec des émotions que vous avez bloquées depuis des années. Vous allez donc entrer en contact avec certaines émotions qui seront douloureuses et avec d'autres qui seront agréables. Pour guérir, vous aurez peut-être besoin de vous sentir plus mal avant de commencer à vous sentir mieux. C'est un processus qui peut prendre des années.

Les femmes réagissent différemment aux souvenirs des mauvais traitements qui leur ont été infligés (p. ex., cauchemars, perturbations du sommeil, **dissociation,** dépression, humiliation, colère, haine de soi). Une thérapie efficace vous aide à vous remémorer vos expériences et à composer avec vos émotions au moyen de nouvelles stratégies d'adaptation et ressources. Vous devez confronter votre douleur, mais vous disposez de nouvelles ressources internes (p. ex., imagerie mentale positive, autoréconfort) et externes (p. ex., soutien des amis ou de la famille, un logement où vous vous sentez en sécurité).

Les personnes qui suivent une thérapie sont souvent impatientes de « se sentir mieux ». Une trop grande hâte, en entreprenant par exemple l'exploration de vos expériences douloureuses avant d'être prête, peut toutefois vous déstabiliser. Votre thérapeute doit vous expliquer les répercussions possibles d'une trop grande hâte. Vous devez travailler de concert avec lui pour établir le rythme de la thérapie.

3 LA RELATION THÉRAPEUTIQUE

La relation avec votre thérapeute vise à :

• établir une « alliance fondée sur la collaboration » (ou un rapport positif) ;
• établir des limites ;
• vous aider à vous comprendre avec empathie et respect.

ÉTABLIR UNE ALLIANCE FONDÉE SUR LA COLLABORATION

Une **alliance fondée sur la collaboration,** c'est le rapport positif que vous établissez avec votre thérapeute. Il s'agit là d'une étape importante parce que la détresse que ressentent les femmes est souvent liée à leur mauvaise expérience dans une relation intime.

Bien des survivantes de mauvais traitements sont anxieuses par rapport à la relation thérapeutique. Elles ont souvent été trahies par une personne en qui elles avaient confiance et se sont senties impuissantes et exploitées. Dans bien des cas, elles peuvent croire ne plus pouvoir faire confiance aux autres ni compter sur leur soutien. Les relations interpersonnelles, surtout avec des gens en position d'autorité ou sur qui elles doivent compter, peuvent alors leur sembler menaçantes.

Il n'est donc pas rare ni surprenant que les survivantes de mauvais traitements entre-prennent une thérapie en s'attendant à ce que la relation avec leur thérapeute soit semée de dangers similaires à ceux qu'elles ont connus avec leur agresseur. Dans la relation théra-peutique, le thérapeute est en position d'autorité tandis que la survivante se sent dans une position de vulnérabilité. À cause de l'autorité conférée au thérapeute, la survivante peut avoir de la difficulté à exprimer ses émotions et réactions vis-à-vis du traumatisme vécu, qui peut susciter chez elle un sentiment de honte, de colère, de peur ou d'anxiété.

La guérison doit se faire dans le cadre d'une relation pour que la personne puisse éventuelle-ment envisager les relations interpersonnelles comme étant sécuritaires et positives. En développant une relation de confiance avec son thérapeute, la personne acquiert des aptitudes relationnelles qui lui permettront d'établir des rapports plus valorisants et respectueux avec autrui.

Les survivantes de mauvais traitements développent différents mécanismes pour éviter ou négocier les relations afin de se protéger contre d'autres actes violents, l'abandon ou la négligence. Il se peut que vous ayez recours à ces mécanismes dans le cadre de la relation avec votre thérapeute.

• Vous pouvez tenter de maintenir l'aspect non menaçant de la relation en acquiesçant aux observations et demandes de votre thérapeute, tout en ignorant vos propres pensées, émotions ou besoins.
• Vous pouvez mettre à l'épreuve la capacité de votre thérapeute de comprendre vos pensées et sentiments en ne lui divulguant qu'une infime partie de ce que vous pensez ou ressentez vraiment.
• Vous pouvez essayer de lui raconter des histoires intéressantes pour ne pas avoir à parler de vos émotions douloureuses.
• Vous pouvez essayer de lui plaire en lui offrant des cadeaux ou en lui posant des questions sur lui-même, parce que vous ne croyez pas que vos besoins sont importants aux yeux des autres.

Votre thérapeute devrait être formé pour comprendre vos mécanismes de protection. Il ne devrait pas vous punir, vous rejeter ni s'éloigner de vous. Il devrait plutôt vous guider, vous offrir des conseils et vous faire des suggestions. Il devrait vous encourager à discuter seulement de ce dont vous voulez parler.

Il est normal d'avoir des sentiments différents vis-à-vis de votre thérapeute à différentes étapes de la thérapie. Vous pouvez :

• ressentir une affinité ;
• vous sentir nerveuse parce que vous avez besoin d'aide ;
• vous sentir appréciée ;
• vous sentir trop vulnérable pour vous dévoiler.

La relation que vous entretenez avec votre thérapeute est, à bien des égards, similaire à toute autre relation. Elle peut avoir son lot de malentendus et de déceptions et peut même provoquer de la colère.

Bien des personnes ne se rendent pas compte avant d'entreprendre une thérapie combien la relation avec le thérapeute est importante. Cette relation est parfois la première fois où elles se sentent véritablement en sécurité et écoutées. Il n'est pas rare pour les clients (pas seulement les survivantes de violence) de se sentir aimés de leur thérapeute. Cela est une situation difficile pour certaines personnes, car l'expérience positive qu'elles entretiennent avec leur thérapeute peut donner naissance à des sentiments intenses, allant de la peur d'une dépendance à leur thérapeute au désir de le voir combler tous leurs besoins.

Il n'y a rien de mal à éprouver ces sentiments, qui sont tout à fait normaux. Il incombe au thérapeute de vous offrir une relation sûre et fiable où vous pouvez explorer ces sentiments tout en restant dans les limites établies au départ.

Les survivantes de mauvais traitements peuvent, avec le respect et la confiance de leur thérapeute, surmonter les sentiments stressants qui peuvent survenir au cours de la thérapie. En fait, les problèmes qui surviennent entre une cliente et son thérapeute sont souvent similaires à ceux qu'a vécus la survivante dans d'autres relations. Il y aura au fil de la relation thérapeutique, à l'instar de toute autre relation, des difficultés et des désaccords. Cela *ne* veut *pas* dire pour autant que la relation est un échec. Le fait d'examiner les pro-blèmes dans le cadre sécuritaire de la relation thérapeutique vous permettra de mettre en pratique vos aptitudes relationnelles. Cela vous aidera à entretenir des relations plus satisfaisantes en dehors de la thérapie.

Si vous vous sentez mal à l'aise avec votre thérapeute, il est important de lui en parler. Bien que vous soyez en droit de mettre fin à la thérapie à n'importe quel moment, il est utile de parler du conflit et de vérifier si cela n'est pas le résultat de malentendus ou de mauvaises interprétations qui peuvent être corrigées. Le thérapeute vous demandera probablement de lui dire si vous vous sentez incomprise. Parfois, il peut se rendre compte qu'il a commis une erreur et en discuter avec vous. Il peut, par exemple, ne pas bien saisir toute l'importance de ce que vous lui racontez ou encore réagir avec impatience plutôt qu'avec compréhension.

Pour bien des survivantes, l'un des aspects importants de la thérapie est d'apprendre à ne plus voir les gens comme bons ou méchants (un mécanisme adopté pour se protéger). Vous apprenez plutôt que chaque personne a ses propres limites et peut commettre des erreurs. La plupart des thérapeutes estiment qu'il est important de parler de vos préoccu-pations, tant sur le plan personnel que de la thérapie.

Apprendre à établir des limites

Les femmes dont les limites physiques et émotionnelles ont été violées à maintes reprises doivent apprendre à établir des limites. Cela n'est pas une tâche facile sur le plan psychologique, mais il est important de l'accomplir afin d'avoir des relations saines.

Qu'entend-on par limites ?

Les **limites** définissent votre espace personnel et informent les autres sur le type de relation que vous voulez entretenir.

Les *limites physiques* sont celles que vous imposez dans le domaine des contacts physiques, surtout dans les rapports sexuels. Elles vous permettent de protéger votre espace personnel. Beaucoup de femmes trouvent utile d'établir des limites sur le plan des contacts sexuels, par exemple en demandant à leur partenaire de ne pas les approcher par derrière, surtout quand elles ne s'y attendent pas.

Les *limites émotionnelles* protègent vos sentiments et vos pensées ainsi que votre droit de les vivre et de les exprimer. Par exemple, si quelqu'un vous pose une question personnelle à laquelle vous ne voulez pas répondre, vous établissez une limite en disant : « Cette question me met mal à l'aise » ou « C'est une question qui touche ma vie privée ».

Pour établir des limites sécuritaires, il faut trouver la bonne distance émotionnelle et physique entre deux personnes. Bien des survivantes s'investissent trop dans les relations avec leurs amis ou partenaires intimes et les rendent ainsi mal à l'aise. D'autres, voulant se protéger, restent distantes et ne sont pas capables de nouer de solides amitiés ou d'avoir des relations intimes.

Avec l'aide d'un thérapeute compétent, vous pouvez mieux comprendre comment établir des limites et apprendre à mieux vous protéger sur le plan physique et émotionnel.

Types de limites

Il est important d'établir des limites dans le cadre de la thérapie, tant pour vous que pour votre thérapeute. Ces limites seront en grande partie fixées de façon concertée. Certaines sont fixées par des lois que doit respecter le thérapeute, comme le fait de ne pas avoir de relations sexuelles avec une cliente ou un client.

Plus les limites sont prévisibles et cohérentes, plus vous vous sentirez à l'aise. Votre thérapeute abordera probablement les sujets suivants avec vous.

Contacts physiques
Le thérapeute devrait discuter avec vous des limites concernant les contacts physiques. Certains thérapeutes observent des règles très strictes à ce sujet et n'ont aucun contact physique avec leurs clients. D'autres peuvent utiliser le toucher pour réconforter une cliente ou la ramener à la réalité. Votre thérapeute devrait toujours vous demander s'il peut vous toucher avant de le faire.

Divulgation de renseignements personnels par le thérapeute
Le thérapeute devrait toujours informer le client de la nature des renseignements qu'il divulguera sur lui-même.

Divulgation de renseignements par la cliente
La relation de confiance qui se développe au cours de la thérapie vient en partie du fait que vous savez que votre thérapeute respecte le rythme que vous voulez établir pour la discussion. Si vous n'êtes pas prête à aborder certains sujets pénibles ou personnels, vous n'avez pas à le faire. Au cours de la thérapie, vous apprendrez avec l'aide de votre thérapeute à exprimer et à établir vos limites émotionnelles.

Votre thérapeute devrait également vous aider à examiner les situations passées où vous vous êtes sentie mal à l'aise ou effrayée en présence d'autrui et à en tirer des leçons. Pour atteindre l'autonomie, vous devez être capable d'anticiper vos besoins d'établir des limites.

Disponibilité du thérapeute
Votre thérapeute devrait aussi vous dire s'il est possible ou non de le rejoindre au téléphone entre les séances et quoi faire en cas d'urgence.

Le thérapeute ne devrait pas entretenir un **rapport double**. Cela signifie que le thérapeute ne peut être ni un ami ni une personne que vous fréquentez et ne peut pas vous fournir un autre service. Par exemple, si vous suivez une thérapie pour un traumatisme avec votre médecin, ce dernier devrait vous orienter vers un autre professionnel pour vos examens médicaux. Cela devrait être fait avant le début de la thérapie.

Limites comportementales

Le thérapeute vous demandera de consentir à maîtriser tout comportement agressif ou violent durant les séances de thérapie. Vous devrez également consentir à vous abstenir de boire de l'alcool et de prendre des drogues avant les séances.

Règles de la thérapie

Le thérapeute devrait discuter des règles qui s'appliquent à la thérapie. Par exemple, il est tenu de conserver le caractère confidentiel de vos renseignements personnels, mais il doit signaler aux autorités tout mauvais traitement infligé à des enfants que vous lui divulguez et qui a lieu au cours de la thérapie. Il y aura aussi probablement des règles concernant le respect des rendez-vous et le préavis requis pour annuler ou changer un rendez-vous. La plupart des thérapeutes discuteront également des honoraires exigés, de l'échéancier et des modalités de paiement.

4 CHOISIR UN THÉRAPEUTE

CE QU'IL FAUT PRENDRE EN CONSIDÉRATION
AU MOMENT DE CHOISIR UN THÉRAPEUTE

Le traitement d'un traumatisme lié à la violence est habituellement un engagement à long terme. Vous avez probablement fait l'expérience de la violence pour la première fois lors de votre enfance et vous avez sans doute tenté pendant des années de composer avec la douleur causée par cette épreuve. Il est donc très important de prendre le temps de trouver un thérapeute avec qui vous vous sentirez à l'aise.

N'importe qui peut se donner le titre de « psychothérapeute », « thérapeute » ou « conseiller » et annoncer ses services sans avoir reçu de formation particulière. Il n'existe pas d'organisme régissant ces types de thérapeutes ou pouvant recevoir des plaintes à leur sujet.

Par conséquent, il est important de se renseigner sur les compétences d'un thérapeute avant d'entreprendre une thérapie avec lui. Un bon thérapeute ne devrait pas hésiter à vous dire où il a étudié et quelle formation il a reçue dans divers champs de thérapie. Un thérapeute professionnel peut être un psychologue, un travailleur social ou un psychiatre. Votre thérapeute devrait détenir au moins un diplôme de second cycle d'une université reconnue, dans un champ de counseling clinique.

Il est aussi très important que le professionnel ait été formé pour traiter les traumatismes et ait de l'expérience auprès des femmes ayant subi de mauvais traitements.

La plupart des thérapeutes qui traitent les traumatismes ont suivi des études spécialisées et des cours sur le stress post-traumatique. Cette formation additionnelle est donnée dans le cadre de programmes universitaires, d'ateliers dans les hôpitaux ou la collectivité, et de programmes, séminaires et conférences de formation professionnelle.

Il se peut que vous vous sentiez plus à l'aise avec un thérapeute de même sexe, de même orientation sexuelle ou de même origine ethnique que vous. C'est donc un point à prendre en considération avant de choisir un thérapeute. Lorsqu'on vous recommande un thérapeute, essayez d'obtenir plusieurs noms et de vous inscrire sur plusieurs listes d'attente au besoin. Il est en général préférable d'attendre d'entreprendre une thérapie avec un professionnel de la santé mentale ayant la formation et les compétences nécessaires dans le traitement des traumatismes.

QUESTIONS À POSER AUX THÉRAPEUTES POTENTIELS

Apportez la liste de questions suivantes lorsque vous rencontrez un thérapeute. Inscrivez ses réponses dans un cahier. Un thérapeute professionnel devrait se faire un plaisir de répondre à toutes vos questions. Observez aussi *la façon* dont le thérapeute y répond : vous sentez-vous à l'aise avec sa façon de faire ?

QUESTIONS SUR LES COMPÉTENCES ET L'EXPÉRIENCE PROFESSIONNELLE

• Quelles sont vos compétences ?
• Êtes-vous membre d'une organisation professionnelle reconnue ?
• Depuis combien de temps offrez-vous des services de thérapie ?
• Quelle est votre expérience dans le traitement des traumatismes liés à la violence ?
• Quelle est votre méthode thérapeutique vis-à-vis du stress post-traumatique simple ?
• Quelle est votre méthode thérapeutique vis-à-vis du stress post-traumatique complexe ?

QUESTIONS SUR LES SERVICES DU THÉRAPEUTE

• Quels sont vos honoraires ?
• Vos services sont-ils couverts par l'Assurance-maladie ou une assurance privée ?
• Proposez-vous un barème d'honoraires souples (où les personnes paient selon leurs moyens) ?
• Combien de temps durent les séances ?
• Quand et comment sont facturés les honoraires ?
• Quelle est votre politique sur les annulations ou les rendez-vous manqués ?
• Quelle sont vos règles en ce qui concerne les appels téléphoniques entre les séances ou les contacts en dehors de la thérapie ?
• Quelle est votre politique sur les contacts physiques avec les clients ?
• Qu'arrive-t-il lorsque vous prenez des vacances ou un congé ?

• Avez-vous déjà fait l'objet d'une plainte officielle ?
• Avez-vous déjà fait l'objet de mesures disciplinaires ou d'un blâme
(désapprobation officielle) de la part d'une organisation professionnelle ?
• Pensez-vous que nous pouvons travailler ensemble et que vous pouvez m'aider ?
• Y a-t-il autre chose que je devrais savoir à propos de vos services ?

QUESTIONS À VOUS POSER

Après votre entretien avec le thérapeute potentiel, posez-vous les questions suivantes :

• Le thérapeute a-t-il répondu aux questions ouvertement et sans être sur la défensive ?
• M'a-t-il encouragée à lui poser des questions ?
• A-t-il fait preuve de respect ?
• Ses réponses étaient-elles formulées dans un langage clair que je pouvais comprendre ?
• Sa méthode thérapeutique est-elle similaire à celle décrite dans le présent guide ?
• Le thérapeute a-t-il, d'après moi, l'expérience et les compétences pour faire ce travail ?
• Puis-je m'imaginer parler de sujets personnels avec lui ?
• Ai-je les moyens de suivre cette thérapie ?

5 ÉTAPES THÉRAPEUTIQUES

LES TROIS ÉTAPES DU MODÈLE DE TRAITEMENT DES TRAUMATISMES

La plupart des thérapeutes professionnels conviennent que la démarche la plus efficace auprès de survivantes de traumatismes comporte les trois étapes suivantes :

1. stabiliser et gérer les réactions ;
2. explorer et faire le deuil des souvenirs traumatisants ;
3. reprendre le contact avec le monde.

Les survivantes de violence doivent apprendre à gérer leurs réactions aux traumatismes avant d'en explorer les causes. Il s'agit là de la première et, souvent, de la plus longue étape de la thérapie. Certaines survivantes peuvent décider de mettre fin à la thérapie après cette étape.

Au cours de la deuxième étape, les survivantes commencent à explorer les souvenirs traumatisants de leur enfance. Même une fois passées à la seconde étape, elles doivent souvent recourir à certaines des compétences acquises pendant la première étape du traitement.

En fait, les survivantes doivent souvent revenir à la première étape au cours des étapes deux et trois. Cela est tout à fait naturel. Si vous essayez de franchir la deuxième étape avant d'avoir terminé la première, vous ne serez pas prête à composer avec les émotions que libérera la deuxième étape. Cela peut même vous faire du mal.

La troisième et dernière étape thérapeutique commence une fois que les souvenirs traumatisants ont été explorés. À cette étape, la thérapie porte sur les questions de la vie quotidienne, des relations et de la reprise de contact avec le monde.

Première étape

Cette étape est une période d'apprentissage sur les traumatismes et la thérapie. Vous apprendrez à adopter des stratégies plus efficaces pour gérer les effets des traumatismes sur votre vie (parfois appelés « symptômes »). L'acquisition de ces nouvelles connaissances et compétences devrait vous aider à vous sentir plus stable et plus apte à fonctionner au quotidien.

À cette étape, il n'est pas encore question d'examiner ni d'analyser les mauvais traitements que vous avez subis. Il est toutefois important que vous reconnaissiez avoir survécu à de la violence ou à de la négligence. De concert avec votre thérapeute, vous pourrez alors entreprendre un cheminement qui vous aidera à comprendre les répercussions du passé sur votre présent.

Les trois buts principaux de cette première étape sont d'assurer votre sécurité personnelle, de vous informer sur les traumatismes et leurs effets (psychoéducation) et de vous aider à gérer vos réactions aux traumatismes.

ASSURER VOTRE SÉCURITÉ PERSONNELLE

Le thérapeute abordera en premier lieu toute question touchant à votre sécurité personnelle, notamment :

• un logement sécuritaire (si vous vivez avec une personne qui est violente
  sur le plan psychologique, physique ou sexuel) ;
• l'établissement de règles de sécurité au cours de la thérapie ;
• l'évaluation des tendances suicidaires que vous pourriez avoir et, le cas échéant,
  des mesures pour vous protéger contre vous-même ;
• la recommandation d'un examen médical pour vérifier si vous avez des problèmes
  médicaux, comme un trouble de la thyroïde, qui pourraient aggraver vos réactions
  physiques, et pour déterminer si vous avez besoin de médicaments contre la dépression,
  l'anxiété ou la fatigue ;
• l'établissement d'un plan de traitement si vous avez des problèmes liés à l'alcool
  ou à d'autres drogues.

PSYCHOÉDUCATION

La première étape de la thérapie mettra l'accent sur la psychoéducation. Vous apprendrez les répercussions des traumatismes sur vos pensées, vos émotions et vos comportements. On abordera peut-être également les notions de flash-backs, de dissociation ou d'engourdissement émotif.

GÉRER VOS RÉACTIONS AUX TRAUMATISMES

Avec l'aide du thérapeute, vous commencerez par cerner les réactions les plus douloureuses ou incapacitantes pour vous. Vous pourrez ensuite déterminer ensemble l'impact de chacune de vos réactions, de la plus pénible à la moins pénible.

Le thérapeute devrait avoir recours à diverses méthodes pour vous aider à gérer vos réactions et vos mécanismes d'adaptation au stress traumatique. Ces stratégies vous aideront à vous sentir plus forte, plus apte à composer avec vos émotions et à prendre soin de vous-même. Vous ne pourrez peut-être pas vous débarrasser de toutes vos réactions négatives, mais vous saurez mieux les maîtriser grâce aux nouvelles stratégies acquises.

Vous devez comprendre que les mécanismes d'adaptation que vous avez adoptés pour faire face au stress traumatique (comme la consommation d'alcool ou d'autres drogues pour bloquer la douleur) sont des comportements typiques. Ces mécanismes peuvent vous aider temporairement à éviter les émotions ou pensées pénibles, mais ils vous empêchent de guérir.

Le thérapeute devrait vous expliquer le but des techniques et stratégies apprises au cours de la thérapie pour que vous puissiez parfaitement les comprendre et les mettre en pratique dans votre quotidien.

DEUXIÈME ÉTAPE

La deuxième étape thérapeutique, ou l'étape intermédiaire, consiste à explorer les traumatismes vécus et leurs effets sur votre vie passée et présente.

L'exploration des expériences traumatisantes peut être difficile et nécessite des méthodes spéciales. Les méthodes les plus efficaces sont :

• la thérapie cognitivo-comportementale (TCC) ;
• la désensibilisation des mouvements oculaires et retraitement (connue sous l'acronyme anglais EMDR pour *eye movement desensitization reprocessing*) ;
• la psychothérapie corporelle et la psychothérapie sensorimotrice.

Ces méthodes sont décrites à la section 6, « Méthodes thérapeutiques ». Dans le cadre de la TCC et de l'EMDR, on demande aux survivantes de se remémorer vivement l'incident ou les incidents dans tous leurs détails, entre autres en faisant appel aux sens (vue, odorat, toucher et ouïe).

Bien des survivantes évitent instinctivement les souvenirs, les pensées et les émotions associés aux mauvais traitements subis, mais cette attitude ne fait que prolonger les réactions néfastes et empêche les survivantes de surmonter les difficultés causées par ces expériences traumatisantes.

En confrontant leurs expériences pénibles plutôt qu'en les évitant, les survivantes peuvent les analyser et réduire progressivement la douleur et l'anxiété qui y sont associées. Bien des femmes ont des réactions et des émotions plus intenses au moment d'affronter leurs souvenirs. Toutefois cet état ne devrait pas durer indéfiniment. Si cela se produit, il faut alors revenir à la première étape de la thérapie pour vous stabiliser et vous permettre de gérer vos réactions.

TROISIÈME ÉTAPE

La troisième et dernière étape de la thérapie aborde les autres difficultés éprouvées dans votre vie et vous aide à reprendre contact pleinement avec autrui.

REPRENDRE LE CONTACT AVEC LE MONDE

Cette étape aide la survivante qui fonctionne déjà bien à composer avec certaines questions de la vie quotidienne qui continuent à lui causer des difficultés.

Par exemple, vous vous sentez bien, mais vous avez de la difficulté à renouer des liens avec des amis ou membres de votre famille, à trouver un travail stimulant, à reprendre des activités auxquelles vous preniez autrefois plaisir ou à maintenir des relations saines.

Comme à l'étape précédente, les survivantes continueront à changer la perspective de leur vie. Elles continueront à mieux comprendre leur passé et à lui donner un nouveau sens tout en envisageant leur avenir avec optimisme, espoir, spiritualité et créativité.

Bien que les clientes aient déjà fait face à leurs traumatismes, elles peuvent continuer à en ressentir les effets lorsqu'elles se retrouvent dans de nouvelles situations. Cela est normal et assez courant.

6
MÉTHODES THÉRAPEUTIQUES

Le modèle de traitement des traumatismes décrit les étapes thérapeutiques et le travail accompli dans le cadre de chacune d'elles. Chaque thérapeute aura toutefois recours à des méthodes thérapeutiques différentes, à l'intérieur de ce modèle, pour vous aider à surmonter les traumatismes que vous avez vécus.

Pour savoir à quoi vous attendre à chaque étape du traitement, vous devez connaître l'éventail des méthodes que peut utiliser votre thérapeute. Voici un exemple de la façon dont différentes méthodes peuvent être utilisées dans le cadre de la thérapie.

Une survivante d'un traumatisme dit à son thérapeute qu'elle être très anxieuse et qu'elle a de la difficulté à dormir. Selon le modèle de traitement des traumatismes, le thérapeute devrait aborder son problème d'anxiété avant d'examiner ses autres problèmes. Les techniques utilisées pour traiter son anxiété et son insomnie seront fonction de la formation qu'a reçue le thérapeute.

Un thérapeute pourra avoir recours à ce qu'on appelle la **thérapie cognitivo-comportementale** (TCC). Un autre se servira d'autres méthodes, comme la **désensibilisation des mouvements oculaires et retraitement** (EMDR)**, l'hypnothérapie** ou le **rêve éveillé dirigé**. Toutes ces méthodes visent à aider la cliente à se sentir plus calme et moins accablée par ses émotions. Un psychiatre pourra prescrire des médicaments pour l'aider à dormir et réduire son anxiété. Vous trouverez ci-après, ainsi que dans le glossaire à la fin du présent ouvrage, une description de toutes ces méthodes différentes.

La plupart des thérapeutes compétents ont suivi une formation dans différents types de traitement, qu'ils peuvent utiliser seuls ou en combinaison tout en respectant toujours les étapes du modèle de traitement des traumatismes. Un bon thérapeute adaptera les différentes méthodes en fonction de votre situation.

Voici une brève description des principales méthodes thérapeutiques.

Psychoéducation

La **psychoéducation** enseigne aux survivantes de traumatismes les différents processus psychologiques et leurs répercussions. Par exemple, le thérapeute peut vous expliquer que vos sentiments et comportements sont des réactions typiques chez les survivantes de mauvais traitements ; une fois que vous savez que vos sentiments sont normaux, vous vous sentirez peut-être moins isolée ou « folle ». Votre thérapeute peut également vous expliquer les effets que peuvent avoir les traumatismes à court et à long terme sur votre corps, vos émotions et votre développement. Il peut aussi vous donner des renseignements sur la violence et la négligence.

Ces renseignements ne sont pas donnés en bloc ; vous les recevez tout au long de la thérapie, en fonction des sujets abordés.

Thérapie cognitivo-comportementale

La thérapie cognitivo-comportementale (TCC) vise à faire prendre conscience à la cliente de ses pensées, attitudes, attentes et croyances qui contribuent à la rendre malheureuse. La cliente apprend que certaines croyances, acquises pour composer avec une expérience difficile ou douloureuse dans le passé, n'ont plus leur utilité ou leur raison d'être dans le contexte actuel. Elle essaie ensuite de modifier ses comportements, ses pensées ou ses croyances dorénavant inutiles.

La TCC comporte souvent des exercices à faire à la maison. Par exemple, la cliente peut devoir explorer par écrit certaines pensées négatives (p. ex., le fait de se sentir responsable des mauvais traitements qu'elle a subis) en examinant et en remettant en question les preuves sur lesquelles est fondée cette pensée ou croyance.

La TCC peut aussi avoir recours à des « techniques d'exposition », particulièrement utiles dans les cas de stress post-traumatique simple, c.-à-d. où la personne n'a vécu qu'un seul incident traumatisant. La **thérapie d'exposition** vise à exposer graduellement la personne à la situation redoutée jusqu'à ce qu'elle y soit désensibilisée ou n'en ait plus peur.

La TCC peut également aider la personne à adopter des stratégies d'adaptation pour réduire son anxiété, par exemple par des exercices de respiration, de relaxation, d'imagerie mentale ou de visualisation.

DÉSENSIBILISATION DES MOUVEMENTS OCULAIRES ET RETRAITEMENT

La désensibilisation des mouvements oculaires et retraitement (EMDR pour *eye movement desensitization reprocessing*) est une nouvelle forme de traitement des réactions aux traumatismes, comme l'anxiété, un sentiment de culpabilité, la dépression, la panique, les troubles de sommeil et les flash-backs. L'EMDR n'est pas une thérapie complète en soit, mais plutôt une technique pouvant être utilisée dans le cadre d'une méthode thérapeutique pour surmonter un traumatisme.

L'EMDR s'appuie sur une théorie selon laquelle les personnes ayant subi un traumatisme ou d'autres expériences pénibles ont emmagasiné leurs souvenirs sans les avoir analysés de façon adéquate. L'EMDR est une méthode thérapeutique qui accélère l'intégration des souvenirs traumatisants. Elle stimule les mécanismes de traitement de l'information du cerveau et permet à la personne de « débloquer » l'information emmagasinée, de l'analyser normalement et de l'intégrer.

Selon cette théorie, les souvenirs traumatisants seraient « bloqués » dans le système nerveux. Par conséquent, divers déclencheurs peuvent provoquer ultérieurement une réminiscence des images, des sensations et des pensées traumatisantes.

Étant donné que l'hémisphère gauche du cerveau contribue à organiser les souvenirs et à leur donner un sens, le traitement de l'information par cet hémisphère peut atténuer le sentiment de détresse. Toutefois, comme les souvenirs traumatisants seraient, croit-on, emmagasinés dans l'hémisphère droit, ils ne peuvent pas être traités par l'hémisphère gauche du cerveau.

La stimulation bilatérale (à l'aide, par exemple, de mouvements oculaires) semble débloquer les souvenirs en permettant le traitement de l'information entre les deux hémisphères du cerveau. La personne peut ainsi traiter le souvenir traumatisant, qui avait été « bloqué » dans un hémisphère du cerveau, et retrouver son équilibre. Ce processus ressemblerait à l'état de rêve ou de sommeil rapide.

Remarque : L'EMDR doit être effectuée uniquement par un clinicien dûment formé et doit s'inscrire dans le cadre d'un plan de traitement plus global.

PHARMACOTHÉRAPIE

Bien des gens éprouvant un stress post-traumatique bénéficient de médicaments pour soulager l'insomnie, la dépression, les crises de panique ou autres effets. Les psychologues, travailleurs sociaux et autres thérapeutes n'ayant pas reçu de formation médicale ne peuvent pas prescrire de médicaments. Si vous songez à prendre des médicaments sur ordonnance, vous devrez consulter un médecin ou un psychiatre ayant reçu une formation sur le stress post-traumatique et les psychotropes (médicaments utilisés pour traiter les problèmes de santé mentale). Les médicaments peuvent vous aider à gérer certains des effets des traumatismes. Cependant, ils ne constituent pas une solution en soi et sont plus utiles s'ils sont combinés à une thérapie.

PSYCHOTHÉRAPIE CORPORELLE

Les traumatismes ont des répercussions sur le corps et l'esprit ; une thérapie efficace doit donc aborder ces deux dimensions. La **psychothérapie corporelle** est une forme de thérapie axée sur les réactions physiologiques aux traumatismes. Il existe certaines techniques sans contact qui conviennent aux personnes qui se sentent mal à l'aise à l'idée d'avoir un contact physique au cours de la thérapie.

La **psychothérapie sensorimotrice** est un type de psychothérapie corporelle qui aide les survivantes à composer avec des réactions physiques perturbatrices. Elle peut vous aider à gérer les sensations physiques et à les dissocier des émotions provoquées par un traumatisme. La psychothérapie sensorimotrice se sert du corps (plutôt que des pensées ou des sentiments) comme véhicule pour surmonter un traumatisme et contribue au mieux-être émotionnel et mental de la personne.

Les thérapeutes qui ont recours à cette technique peuvent parfois utiliser le toucher, mais seulement avec le consentement de leurs clients.

COMMENT ÉVALUER VOTRE THÉRAPEUTE

Votre relation avec votre thérapeute revêt une très grande importance. Si vous ne vous sentez pas à l'aise avec ses méthodes, vous pouvez demander à consulter un autre thérapeute ou professionnel de la santé mentale. Vous pouvez aussi apporter avec vous le présent guide et le feuilleter avec votre thérapeute en lui indiquant ce que vous attendez de la thérapie.

Vous pouvez déterminer l'efficacité de votre thérapie en vous posant les questions suivantes.

COMMUNICATION

- Vous sentez-vous respectée et validée par votre thérapeute ?
- Votre thérapeute travaille-t-il en concertation avec vous en vous considérant comme partenaire ou vous impose-t-il ses propres suggestions ? (p. ex., travaillez-vous avec votre thérapeute pour cerner les principaux problèmes à aborder ?)
- Votre thérapeute vous considère-t-il comme l'experte en ce qui concerne votre propre vie ?
- Votre thérapeute est-il chaleureux et empathique ?
- Votre thérapeute croit-il que vous pouvez arriver à maîtriser vos réactions ?
- Votre thérapeute explique-t-il le processus thérapeutique, fait-il le bilan de votre expérience avec vous et vérifie-t-il l'utilité de son intervention ?
- Sentez-vous que votre thérapeute discute et commente activement avec vous ? (p. ex., vous explique-t-il la thérapie et vous demande-t-il si vous la trouvez efficace ?)
- Votre thérapeute a-t-il des règles claires (p. ex., sur le respect de la date et de l'heure des séances, sur les annulations sans raison valable, sur la longueur des séances) ?

SOUTIEN

- Votre thérapeute vous aide-t-il à prendre conscience de vos forces et des mécanismes efficaces que vous avez développés pour composer avec votre traumatisme ? (p. ex., parle-t-il de vos « symptômes et problèmes » comme de mesures normales prises pour vous adapter à votre situation ?)
- Votre thérapeute vous soutient-il dans vos réactions aux traumatismes ? (p. ex., vous ramène-t-il à la réalité pour que vous puissiez séparer les mauvais traitements que vous avez subis dans le passé de votre situation actuelle) ?

- Votre thérapeute vous interroge-t-il pour savoir comment vous vous portez entre les séances ? (p. ex., vous demande-t-il : « Comment vous sentiez-vous après la dernière séance ? », « Avez-vous pu dormir ? », « Est-ce que cela vous aide ? »)
- Votre thérapeute vous encourage-t-il à participer à diverses activités, à voir des amis, à explorer d'autres moyens d'exprimer vos émotions (artistiques, physiques, spirituels) ?
- Votre thérapeute vous pose-t-il des questions sur le soutien que vous obtenez à l'extérieur de la thérapie et vous encourage-t-il à participer à d'autres activités (p. ex., travail rémunéré ou bénévole, cours, sorties entre amis) ?

INFORMATION

- Votre thérapeute vous explique-t-il les répercussions que peuvent avoir sur le corps, l'esprit et les émotions un traumatisme ou un stress à long terme ?
- Votre thérapeute vous a-t-il demandé de subir un examen médical complet pour s'assurer que vous n'avez aucun problème médical qui pourrait aggraver la tension ou le malaise que vous ressentez physiquement ?
- Votre thérapeute aborde-t-il les questions de dépression, les problèmes de sommeil ou les pensées suicidaires ? Si vous avez des difficultés sur ces plans, le thérapeute vous a-t-il suggéré de consulter un psychiatre ou un médecin formé dans le traitement des traumatismes pour discuter de la possibilité de prendre des médicaments ?

COMPÉTENCES DU THÉRAPEUTE

- Votre thérapeute fait-il appel à une variété de compétences et techniques spécialisées et adaptées à vos besoins particuliers ?
- Si votre thérapeute n'a pas certaines connaissances ou compétences, vous a-t-il recommandé à un autre professionnel ?

8. COMMENT SAVOIR SI LA THÉRAPIE EST EFFICACE

Il est très important de développer une relation de confiance avec votre thérapeute et de vous sentir à l'aise et respectée. Cela ne constitue cependant qu'une partie de la thérapie.

Si vous vous sentez plus mal une fois que vous entreprenez la thérapie, cela *ne* veut *pas* dire que la thérapie n'est pas efficace. Certaines femmes peuvent toutefois se sentir en constant état de crise. Leur thérapeute n'a peut-être pas su les aider à trouver des stratégies pour composer avec leurs émotions intenses. Si c'est ce que vous vivez, le rythme de la thérapie est probablement trop rapide. Ou encore, votre thérapeute a peut-être commencé l'exploration des événements traumatisants vécus avant que vous ne soyez prête.

Vous saurez si la thérapie est efficace en vous posant les questions suivantes.

CAPACITÉ D'AUTORÉCONFORT ACCRUE
• Êtes-vous mieux en mesure de comprendre, de reconnaître et d'identifier vos réactions aux traumatismes, ainsi que leurs **déclencheurs** ?
• Votre vie vous donne-t-elle une plus grande satisfaction ?
• Vous sentez-vous bouleversée moins souvent ?
• Lorsque vous êtes bouleversée, vous sentez-vous en mesure de prendre soin de vous-même ?
• Lorsque vous êtes bouleversée, pouvez-vous reconnaître qu'un événement du passé a eu des répercussions sur le présent ?

CONNAISSANCE DE SOI
• Comprenez-vous mieux les événements survenus dans votre vie et leurs répercussions ?
• Savez-vous quels sont les aspects de votre vie que vous explorez en thérapie et avez-vous des buts précis à atteindre ?
• Pouvez-vous voir que certains mécanismes d'adaptation autrefois efficaces vous causent maintenant des problèmes ?
• Avez-vous une meilleure compréhension des comportements que vous aviez adoptés pour vous adapter à votre situation ?

• Êtes-vous capable d'établir des limites dans vos relations ? Sentez-vous que vous avez une plus grande maîtrise de votre vie ?

• Avez-vous adopté des mécanismes d'adaptation plus efficaces et positifs ?

• Avez-vous un plan d'urgence ? Par exemple, si vous avez des cauchemars et des flash-backs où si vous revivez les événements traumatisants, faites-vous appel à des techniques pour vous calmer et dissocier le passé du présent, ou à des amis ou à des ressources qui vous offriront du soutien ?

• Pouvez-vous mettre en pratique les aptitudes et méthodes acquises au cours de la thérapie dans d'autres aspects de votre vie ?

9

VOTRE FAMILLE ET VOS AMIS

CE QUE VOTRE FAMILLE ET VOS AMIS DEVRAIENT SAVOIR SUR LE TRAITEMENT DES TRAUMATISMES

Des amis, des membres de votre famille ou d'autres personnes de votre entourage vous ont peut-être dit de simplement « en finir » avec vos difficultés, que les mauvais traitements étaient une chose du passé et qu'il valait mieux les oublier. Pire, ils vous ont peut-être dit que vous étiez en quelque sorte responsable de ce qui vous était arrivé.

Les membres de votre famille et vos amis doivent comprendre ce qui déclenche vos réactions aux traumatismes, sinon ils peuvent renforcer la fausse perception que vous suivez une thérapie parce que vous êtes « folle », gravement malade ou complaisante envers vous-même. Certains peuvent se sentir coupables de ne pas avoir pu (ou voulu) vous aider ou vous protéger. Ils peuvent aussi se sentir menacés par les changements qu'ils voient s'opérer en vous à mesure que votre thérapie évolue. Par exemple, au fil de votre rétablissement, vous serez peut-être davantage en mesure de vous affirmer, d'établir des limites et de parler de vos besoins ou déceptions.

Votre famille et vos amis peuvent aussi s'inquiéter à votre sujet. Par exemple, ils ne comprennent peut-être pas que vos nerfs soient plus à fleur de peau à différentes étapes de la thérapie, ni que les gens peuvent réagir violemment à des événements qui se sont produits il y a bien des années. C'est pourquoi ils pensent parfois vous aider en vous encourageant à abandonner la thérapie.

Les personnes de votre entourage doivent comprendre qu'il y a un lien entre vos difficultés actuelles et le traumatisme que vous avez vécu dans le passé. Elles doivent comprendre que c'est en explorant l'événement traumatisant et ses répercussions que vous pourrez être plus heureuse et mieux en mesure de résoudre vos problèmes actuels.

Information à l'intention de la famille et des amis

Soutien et compréhension

Les mauvais traitements subis pendant l'enfance ont habituellement des répercussions néfastes à long terme. Il est cependant possible de se rétablir d'un traumatisme et de ses effets ; le soutien de la famille et des amis joue un rôle très important dans le processus de guérison. Il faut se rappeler que les femmes qui ont subi des mauvais traitements à un jeune âge ou de façon répétée sont fortes et ont déjà survécu à une expérience douloureuse et traumatisante.

Les réactions et comportements d'une personne ayant survécu à une violence prolongée peuvent avoir des répercussions sur tous les membres de la famille. Il n'existe pas de solutions miracles pour faire face à ces défis. Toutefois, le fait de comprendre que ces problèmes sont le résultat d'une expérience traumatisante et constituent des mécanismes d'adaptation *normaux* que la survivante a développés pour composer du mieux qu'elle peut avec sa situation aide à atténuer le stress et l'inquiétude que peuvent ressentir famille et amis.

Les personnes atteintes de stress post-traumatique sont souvent aux prises avec d'autres problèmes qui compliquent le traitement. Par exemple, elles sont nombreuses à consommer de l'alcool ou d'autres drogues pour soulager la douleur causée par le traumatisme. La dépression clinique est aussi un problème courant chez les femmes atteintes de stress post-traumatique. Bien des survivantes sont aussi atteintes de problèmes physiques chroniques.

Il existe de nombreux événements quotidiens pouvant déclencher les souvenirs traumatisants chez les survivantes (ce qu'on appelle des flash-backs). Ces dernières peuvent réagir en se coupant de la réalité (dissociation), en se repliant sur elles-mêmes, en devenant apeurées ou en se mettant en colère. Elles peuvent parfois se sentir envahies par une très grande tristesse.

Il peut leur être difficile, voire impossible, de participer aux activités familiales. Les survivantes sont souvent réticentes à prendre part à des activités sociales. Les personnes vivant un stress post-traumatique peuvent se replier sur elles-mêmes et ne plus s'intéresser aux relations ou activités qu'elles appréciaient auparavant. Elles peuvent perdre leur foi ou leur spiritualité. Leur partenaire et leurs proches se sentent souvent impuissants parce qu'ils ne savent pas quoi faire pour leur remonter le moral.

Une survivante peut ne pas être capable d'occuper un emploi pendant une crise, ce qui peut être difficile financièrement pour sa famille. Une femme qui a souffert de mauvais traitements répétés pendant son enfance ou de façon prolongée à l'âge adulte peut être prompte à se mettre en colère et difficile à calmer. Elle peut avoir de la difficulté à faire confiance aux autres, même aux membres de sa propre famille et aux personnes en position d'autorité, comme les thérapeutes.

Le soutien et la compréhension des membres de sa famille et de ses amis peut être une part vitale du rétablissement de la personne au cours de sa thérapie.

RÉACTIONS ÉMOTIVES COURANTES

Il est important de comprendre les réactions émotives complexes et parfois intenses que peuvent manifester les survivantes.

Les élans de colère ou la méfiance dont fait preuve votre amie ou partenaire sont souvent plus intenses à cause des mauvais traitements dont elle a fait l'objet. Par exemple, si vous la blessez dans ses sentiments, votre partenaire sera peut-être plus en colère qu'elle ne le devrait. Par contre, si vous êtes en colère contre elle, il se peut qu'elle devienne très anxieuse et apeurée.

Le partenaire ou les amis d'une survivante répondent souvent à ces réactions très négatives en lui disant, par exemple : « Tu es fâchée à cause d'événements qui se sont produits dans ton enfance, alors ne t'en prends pas à moi. » Si cette réponse est en partie justifiée, elle ne tient pas compte de la douleur que la femme ressent en ce moment. Vous l'avez sans doute *blessée*, mais elle réagit comme si vous l'aviez *agressée*. Les traumatismes psychologiques ont pour effet de susciter un état d'alerte émotionnelle qui conditionne la personne à réagir automatiquement de façon très émotive.

Au cours de la thérapie, la survivante apprendra des techniques et méthodes qui l'aideront à maîtriser ses réactions émotives et à séparer le passé du présent. Elle apprendra que la colère ne donne pas nécessairement lieu à des comportements violents, et que des paroles qu'elle perçoit comme blessantes n'ont pas nécessairement pour but de l'humilier. Entre-temps, si votre partenaire s'emporte contre vous à cause de ce que vous avez fait ou dit, admettez que vous l'avez blessée et faites-lui des excuses.

Il est important de maîtriser vos propres réactions et de faire preuve d'encouragement lorsque votre partenaire a des élans de colère. Ne la rejetez pas et ne la critiquez pas. Cela pourrait nuire à son cheminement et même la faire régresser. Si vous êtes critique à l'égard de la façon dont votre partenaire a survécu aux mauvais traitements, vous devez mieux vous renseigner sur le traitement des traumatismes et parler de vos sentiments à un professionnel.

La famille et les amis doivent faire preuve de soutien et d'empathie et laisser la personne qui suit la thérapie parler de ses sentiments et de ses réactions. Ils *ne* devraient *pas* croire qu'ils peuvent résoudre ses problèmes ou lui offrir des conseils. Être à son écoute, c'est ce qui l'aidera le plus.

COMMENT POUVEZ-VOUS AIDER ?
Prenez soin de vous et obtenez du soutien. Renseignez-vous le plus possible sur les traumatismes et leurs répercussions. Parlez à un professionnel pour mieux comprendre les réactions de la survivante ou lisez sur le sujet.

Demandez-lui ce qui l'aiderait et essayez de le faire. Chaque personne réagit différemment à un traumatisme et a des besoins différents. Ne croyez pas savoir mieux que la survivante elle-même ce dont elle a besoin.

N'essayez pas de résoudre ses problèmes ni de lui faire oublier ses sentiments, car la survivante pourrait croire que vous êtes mal à l'aise et n'êtes pas capable de vous faire à l'idée qu'elle a un problème. Elle pourrait essayer de cacher ses sentiments, ce qui ne ferait qu'augmenter la distance entre vous.

Voici ce que vous pouvez faire pour l'aider :

• Soyez simplement à l'écoute le plus souvent possible.
• Assistez aux séances de thérapie avec elle.
• Respectez son droit de parler ou non de ses sentiments
  et expériences de violence passées.
• Soyez conscient qu'elle ne sera pas toujours disponible pour vous sur le plan émotif.
• Sachez ce qui la trouble et demandez-lui ce que vous pouvez faire pour l'aider.
• Dites-lui clairement quand vous êtes disponible. Par exemple, peut-elle vous appeler
  en pleine nuit si elle a besoin de soutien ?

- Établissez des limites pour éviter les ressentiments ou l'épuisement. Vous devez déterminer les moments où vous êtes disponible pour parler, et pour combien de temps, et communiquez ces limites avec respect.
- Ayez des attentes réalistes. Bien qu'elle acquière de nouvelles stratégies pour composer avec ses réactions aux traumatismes, la survivante continuera peut-être de faire des cauchemars, d'avoir des crises d'anxiété ou des pensées suicidaires, ou d'avoir envie de consommer de l'alcool ou d'autres drogues.
- Faites preuve de patience. Guérir d'un traumatisme prend du temps.

ACCÈS AUX SERVICES

Trouver le traitement approprié peut prendre un certain temps et peut exiger des efforts et de la patience.

OBSTACLES—ET SOLUTIONS—À L'OBTENTION DU TRAITEMENT APPROPRIÉ

Bon nombre de services gratuits ont de longues listes d'attente.
Inscrivez votre nom sur plusieurs listes d'attente et dites qu'on peut vous appeler à la dernière minute s'il y a une annulation. Vérifiez régulièrement votre place sur la liste.

Les honoraires des thérapeutes privés peuvent être coûteux.
Demandez s'ils ont un barème d'honoraires souple ou des places réservées aux personnes à plus faible revenu. Les polices d'assurance privée couvrent une partie des honoraires lorsque le thérapeute est un psychologue agréé.

Beaucoup de fournisseurs de services de santé mentale n'ont pas la formation spécialisée requise pour offrir une thérapie aux femmes qui ressentent les effets d'un traumatisme.
C'est le cas particulièrement dans les régions rurales, quoique cette situation se produise également dans les grandes villes. Renseignez-vous pour savoir si le thérapeute a suivi une formation spéciale sur le traitement des traumatismes.

Les services dans d'autres langues que l'anglais, ainsi que les services adaptés à diverses cultures, sont rares.
Demandez si l'organisme offre des services d'interprétation culturelle ou soyez accompagnée d'une personne qui pourra vous servir d'interprète.

Vous ne pouvez pas vous présenter au rendez-vous parce que vous n'avez pas accès à des services de garde d'enfants.
Demandez si le service ou le thérapeute offre des services de garde d'enfants ou si vos enfants peuvent vous accompagner.

À QUI S'ADRESSER POUR OBTENIR DES SERVICES DE TRAITEMENT DES TRAUMATISMES

Les services suivants peuvent vous orienter vers des professionnels formés dans le traitement des traumatismes.

• Centres de santé des femmes
• Centres de santé communautaires
• Thérapeutes en pratique privée (psychologues, psychiatres ou travailleurs sociaux)
• Centres d'accueil des victimes de violence sexuelle
• Lignes de détresse pour les femmes victimes de violence
• YWCA
• Refuges pour les femmes
• Centres spirituels
• Organismes de services aux familles
• Médecins de famille

11

LA FORCE DES SURVIVANTES

Se rétablir d'un traumatisme demande beaucoup de force, de courage et de détermination. Avec l'aide d'un thérapeute et de nouvelles compétences, vous pourrez créer des liens avec les autres et profiter plus pleinement de la vie.

Voici la description éloquente que fait une femme ayant survécu à des mauvais traitements subis dans son enfance à propos de son processus de guérison :

> J'étais consciente que l'anxiété allait m'envahir progressivement. Dans ces moments-là, je m'allongeais dans un endroit tranquille, je méditais et je guidais ma peur vers l'extérieur jusqu'à ce que je la vois sortir de mon corps. Je me visualisais en train de suivre un sentier au bout duquel se trouvait le calme et la sécurité, et l'absence d'images douloureuses. Je savais exploiter cette force et la canaliser pour profiter du bonheur du moment présent. Prendre un bon bain chaud, une douche froide, faire une longue promenade, ne pas me faire de reproches – ce sont là les ingrédients qui alimentent mon espoir de me rétablir du traumatisme que j'ai vécu.

Pour guérir, il vous faudra le soutien de vos amis et de votre famille. C'est un cheminement difficile qui prend du temps. Votre entourage a parfois besoin de plus d'information pour être en mesure de vous offrir son soutien. Le présent guide peut vous aider, vous, votre famille et vos amis, à comprendre les bienfaits de la thérapie.

Les traumatismes ont des effets débilitants pouvant parfois mettre la vie en péril. La personne qui a vécu un traumatisme peut être accablée par le pouvoir qu'exercent les symptômes de ce traumatisme sur sa vie. Mais en exploitant ce pouvoir, elle peut parvenir à se libérer. Ayant su vaincre l'adversité, elle pourra alors profiter pleinement de la vie.

LECTURES SUGGÉRÉES

OUVRAGES GRAND PUBLIC

ALLEN, Jon G. *Coping with Trauma: A Guide to Self-Understanding,* Washington, D.C., American Psychiatric Press, 1995.

Cet ouvrage exhaustif explique, en langage clair, les effets que peuvent avoir de graves traumatismes et la façon de composer avec les symptômes et leurs effets ultérieurs.

CAMERON, Grant. *What about Me ? A Guide for Men Helping Female Partners Deal with Childhood Sexual Abuse,* Carp, Ontario, Creative Bound, 1994.

Ce guide s'adresse aux partenaires de femmes en voie de rétablissement d'un traumatisme de violence sexuelle subie pendant l'enfance. L'auteur aborde, en langage clair, les principales considérations à prendre pour aider une partenaire dans son processus de guérison. Il traite entre autres du suicide, de la colère, des cauchemars et de la confiance. Les principales questions abordées sont résumées à la fin de chaque section.

COHEN, Barry M., Mary-Michola BARNES et Anita B. RANKIN. *Managing Traumatic Stress through Art: Drawing from the Center,* Baltimore, Maryland, Sidran Press, 1995.

Fruit de la collaboration de trois art-thérapeutes, cette ressource très appréciée s'adresse spécifiquement aux survivants d'un traumatisme. Elle présente de façon créative et inventive des moyens de comprendre, de gérer et de transformer les effets ultérieurs d'un traumatisme. Elle propose des projets artistiques détaillés et des exercices d'écriture.

COPELAND, Mary Ellen et Maxine HARRIS. *Healing the Trauma of Abuse: A Woman's Workbook,* Oakland, Californie, New Harbinger Publications, 2000.

Ce cahier présente les compétences que les survivantes d'un traumatisme doivent acquérir pour composer avec l'anxiété, la dépression, la toxicomanie, les flash-backs et les cauchemars.

GIL, Eliana. *Outgrowing the Pain: A Book for and about Adults Abused As Children*, New York, Bantam Doubleday Dell, 1983.

Ce livre aide les survivants d'abus subis dans l'enfance à reconnaître le lien entre les mauvais traitements subis dans le passé et leurs difficultés présentes. Il renferme des questions qui peuvent aider les survivants à reconnaître les comportements destructeurs et propose de nouveaux moyens de composer avec la situation.

MATSAKIS, A. *Trust after Trauma: A Guide to Relationships for Survivors and Those Who Love Them*, Oakland, Californie, New Harbinger, 1998.

Ce guide est destiné aux survivants de mauvais traitements prêts à resserrer les relations qu'ils entretiennent déjà et à en nouer de nouvelles. L'auteur propose des exercices détaillés pour aider les lecteurs à guérir grâce à des relations plus solides.

NAPIER, Nancy J. *Getting through the Day: Strategies for Adults Hurt As Children*, New York, W.W. Norton, 1993.

Écrit dans un langage clair, cet ouvrage examine le continuum de la dissociation et la différence entre les changements d'humeur ordinaires et la dissociation induite par un traumatisme. Il aborde également les thèmes suivants : les déclencheurs, la pleine conscience, l'enfant intérieur, la honte, le moi futur et les relations avec la famille, les amis et le thérapeute.

ROSENBLOOM, Dena, Mary Beth WILLIAMS et Barbara E. WATKINS. *Life after Trauma: A Workbook for Healing*, New York, Guildford Press, 1999.

Ce cahier épaule les survivants d'un traumatisme dans leur processus de guérison au quotidien. Les auteures proposent des activités, des techniques de relaxation, des questionnaires d'auto-évaluation ainsi que des exercices pratiques éprouvés pour montrer comment adopter des stratégies efficaces pour composer avec la situation et devenir plus autonome.

SHAPIRO, Francine, et Margot Silk FORREST. *EMDR: The Breakthrough Therapy for Overcoming Anxiety, Stress, and Trauma,* New York, Basic Books, 1998.

Ce livre écrit pour le grand public explique le fonctionnement de la désensibilisation des mouvements oculaires et retraitement (EMDR) et la façon dont cette technique peut bénéficier aux personnes aux prises avec des réactions et des comportements négatifs. On peut également lire tout au long du livre des études de cas convaincantes.

VERMILYEA, Elizabeth. *Growing beyond Survival: A Self-Help Toolkit for Managing Traumatic Stress,* Baltimore, Maryland, The Sidran Press, 2000.

Ce cahier vise à aider les survivants d'un traumatisme à acquérir et à mettre en pratique des compétences en gestion des réactions aux traumatismes. Il peut être utilisé seul ou comme ressource dans le cadre d'une thérapie individuelle ou de groupe.

WILLIAMS, Mary Beth et Soili POIJULA. *The PTSD Workbook: Simple, Effective Techniques for Overcoming Traumatic Stress Symptoms,* Oakland, Californie, New Harbinger Publications, 2002.

Ce cahier, rédigé par deux psychologues, réunit des techniques et interventions utilisées par des spécialistes du stress post-traumatique des quatre coins du monde. Les lecteurs déterminent le type de traumatisme qu'ils ont vécu, identifient leurs symptômes et apprennent les techniques et interventions les plus efficaces pour y faire face.

OUVRAGES ET ARTICLES À L'INTENTION DES PROFESSIONNELS

CHU, J.A. *Rebuilding Shattered Lives*, New York, John Wiley, 1998.

COURTIOS, C.A. *Recollections of Sexual Abuse: Treatment Principles and Guidelines*, New York, W.W. Norton, 1999.

DAYTON, Tina. *Trauma and Addiction*, Deerfield Beach, Floride, Health Communications Inc., 2000.

HASKELL, Lori. *First Stage Trauma Treatment: A Guide for Mental Health Professionals Working with Women*, Toronto, Centre de toxicomanie et de santé mentale, 2003.

HERMAN, J. *Trauma and Recovery: The Aftermath of Violence—From Domestic Abuse to Political Terror*, New York, Basic Books, 1992.

OGDEN, P. et K. MINTON. « Sensorimotor Psychotherapy: One method for processing traumatic memory », *Traumatology*, vol. VI, n° 3, 2000.

GLOSSAIRE

ALLIANCE FONDÉE SUR LA COLLABORATION — Relation qui existe entre un client et son thérapeute lorsqu'ils travaillent ensemble au processus de guérison.

ATTACHEMENT — Connexion émotive à une autre personne.

DÉCLENCHEUR — Un élément (p. ex., un son, une odeur, une émotion) qui provoque ou « déclenche » le souvenir de l'événement traumatisant.

DÉPRESSION — Trouble de l'humeur habituellement diagnostiqué lorsque la personne éprouve de la tristesse et un sentiment de désespoir pendant plus de deux semaines et que cet état nuit à son travail, à ses études et à ses rapports sociaux.

DÉSENSIBILISATION DES MOUVEMENTS OCULAIRES ET RETRAITEMENT (EMDR) — Type de thérapie qui aide les personnes ayant des souvenirs traumatisants que leur cerveau n'a pas été capable de traiter au moment où s'est produit l'événement traumatisant. L'EMDR aide le cerveau à revenir en arrière et à traiter ces souvenirs de façon sécuritaire à l'aide de mouvements oculaires, de tapotements des mains ou de tonalités.

DISSOCIATION — Changement dans la façon dont une personne se perçoit ou perçoit le monde extérieur. Sentiment de déconnexion de la réalité ou sentiment de rêve éveillé.

FLASH-BACK — Réminiscence soudaine, vive et bouleversante de l'expérience traumatisante.

HYPNOTHÉRAPIE — Technique thérapeutique faisant appel à l'hypnose ou au rêve éveillé dirigé pour aider la personne à modifier ses pensées, ses sentiments ou ses comportements, ou à mieux comprendre ses problèmes.

LIMITES — Délimitation de l'espace personnel qui informe les autres des rapports que l'on veut entretenir avec eux.

MODÈLE DE TRAITEMENT DES TRAUMATISMES — Méthode thérapeutique dans les cas de stress post-traumatique. Ce modèle tient compte de l'incidence du contexte social, de la famille, de l'expérience des mauvais traitements et des autres expériences de la personne sur ses problèmes. Les clients sont considérés comme des partenaires qui assument avec le thérapeute la responsabilité de leur guérison et de leur cheminement.

PSYCHOÉDUCATION — Enseignement sur les différents processus psychologiques et leurs répercussions. Dans le cadre du traitement des traumatismes, la psychoéducation peut comprendre de l'information sur les effets des traumatismes, à court et à long terme, sur le corps, les émotions et le développement ainsi que de l'information sur la violence et la négligence.

PSYCHOTHÉRAPIE CORPORELLE — Forme de thérapie qui traite les réactions du corps à un traumatisme.

PSYCHOTHÉRAPIE SENSORIMOTRICE — Type de psychothérapie corporelle qui aide les survivants de traumatismes à séparer les sensations physiques des émotions liées à des traumatismes.

RELATION DOUBLE — Situation dans laquelle un thérapeute est aussi un ami, une fréquentation ou le fournisseur d'un autre service (p. ex., à titre de médecin traitant). Cette situation est à éviter.

RÊVE ÉVEILLÉ DIRIGÉ (ou imagerie mentale dirigée) — Utilisation de l'imagination et de la visualisation mentale lorsque la personne est en état de relaxation dans le but d'accroître son sentiment de relaxation et de réduire son anxiété.

STRESS POST-TRAUMATIQUE — État d'une personne qui ressent les effets d'un événement traumatisant longtemps après que celui-ci s'est produit.

STRESS POST-TRAUMATIQUE COMPLEXE — Adaptations du fonctionnement psychologique d'une personne qui a été victime de négligence ou de mauvais traitements prolongés ou répétés. Ces adaptations comprennent, entre autres, des changements de sa personnalité, de sa physiologie et de son identité et des changements dans ses relations avec autrui.

STRESS POST-TRAUMATIQUE SIMPLE — Stress post-traumatique qui résulte d'un incident unique, comme un viol ou un grave accident de voiture.

THÉRAPIE COGNITIVO-COMPORTEMENTALE (TCC) — Type de thérapie faisant appel à différentes méthodes, notamment des techniques cognitives (axées sur votre mode de pensée et de traitement de l'information) et comportementales (axées sur vos réactions par rapport aux traumatismes).

THÉRAPIE PAR L'EXPOSITION — Type de thérapie où la personne est graduellement exposée à la situation redoutée jusqu'à ce qu'elle n'en ait plus peur.

TROUBLES DE L'ALIMENTATION — Problèmes, comme l'anorexie, la boulimie, ou les épisodes d'alimentation excessive, caractérisés par des émotions, attitudes et comportements extrêmes concernant le poids et la nourriture.

www.ingramcontent.com/pod-product-compliance
Lightning Source LLC
Chambersburg PA
CBHW060649280326
41933CB00012B/2183